Original illisible

NF Z 43-120-10

K 1367

LA FRONDE

EN POITOU;

Par M. de la Fontenelle de Vaudoré,
Membre des Sociétés des Antiquaires de France, de Normandie, de l'Ouest et de la Morinie,
et de plusieurs autres Sociétés savantes.

POITIERS,
SAURIN FRÈRES, IMPRIMEURS,
RUE DE LA MAIRIE, N° 10.
1835.

Imprimerie de Sauron.

LA FRONDE

EN POITOU.

Pour peu qu'on ait une idée de l'histoire de France, en arrivant au temps où nous vivons, on sait que le despotique et brillant règne de Louis XIV, ce monarque qu'on s'est plu à appeler le *grand Roi*, commença sous la régence d'Anne d'Autriche (1) par des troubles et des factions qui désolèrent le royaume au dernier point. Qui ne connaît l'astuce de l'italien Jules Mazarini (2) succédant, comme premier ministre, à l'altier Jean-Armand Duplessis-Richelieu ? Ces deux Cardinaux préparèrent la grande révolution française, en anéantissant tout ce qui restait encore de l'antique constitution de la monarchie, dont le principe constitutif était un Roi gouvernant avec le concours de trois ordres, le clergé, la noblesse, et le tiers-état ou le peuple. Lorsque les institutions, qui étayaient le trône et le préservaient contre les tentatives sans nombre de la tourbe des courtisans, furent renversées, le pouvoir protecteur de l'ordre ne tarda pas à s'écrouler sous les coups qu'on lui porta.

Cependant la régence qui suivit la mort de Louis XIII

---

(1) Fille aînée de Philippe III, Roi d'Espagne, mariée à Louis XIII, Roi de France, et morte à Paris en 1666.

(2) Mort à Vincennes, en 1661.

avait été marquée, dès son début, par de grands succès pour les armes françaises. Le cinquième jour du règne de Louis XIV (1), le grand Condé gagnait la bataille de Rocroy et anéantissait l'ancienne réputation de l'infanterie espagnole. Mais le pouvoir accordé au ministre italien, le mépris et la haine qu'on lui portait, engagèrent le Parlement de Paris, qui exerçait une partie de l'autorité souveraine lorsque les États-généraux n'étaient pas réunis, à se prononcer fortement contre cet étranger. Le peuple, dont la magistrature défendait ainsi les droits, se rangea du parti de l'opposition contre la Cour. Beaucoup de grands, pour se rendre populaires, appuyèrent la résistance. Ce fut là le commencement de *la Fronde*, opposée à la Reine-régente, au Cardinal et à la Cour, formant les *Mazarins*. On appela ceux du juste-milieu les *Mitigés*. On sait que les chefs de l'opposition furent, dans le Parlement, les présidents Potier de Blancmesnil et Longueil de Maisons, et surtout le conseiller Broussel; et, parmi les grands seigneurs qui les appuyèrent, on doit citer le duc de Beaufort (2), surnommé *le Roi des halles* à cause de son excessive popularité, le prince de Conti (3), le duc (4) et la duchesse de Longueville (5).

(1) Louis XIII mourut le 14 mai 1643, et la bataille de Rocroy fut livrée le 19 du même mois.

(2) François de Vendôme, duc de Beaufort, tué en 1169 à la défense de Candie.

(3) Armand de Bourbon, prince de Conti, mort en 1665.

(4) Henri II d'Orléans, duc de Longueville, mort en 1668, descendant de Dunois, le valeureux bâtard d'Orléans.

(5) Anne-Geneviève de Bourbon, duchesse de Longueville, sœur de Louis de Bourbon, prince de Condé, et d'Armand de Bourbon, prince de Conti; elle mourut en 1679.

Le premier acte marquant de ces troubles, qui durèrent bien des années, fut *la journée des barricades*, qui eut lieu le 26 août 1643. Ensuite vinrent les prises d'armes dans les provinces, des combats, des siéges, des pourparlers, des traités, et surtout des intrigues sans nombre. Il n'entre pas dans mon plan de traiter en entier cet épisode de l'histoire de France, dont un homme d'état a, il y a quelques années, présenté un tableau vrai et animé (1). Je ne veux faire connaître que le retentissement qu'eurent alors les troubles de Paris dans une partie de la province du Poitou. L'article que je commence aura au moins cet avantage que ce que je vais dire ne se trouve dans aucun ouvrage imprimé (2).

Parmi les grands seigneurs du Poitou qui se déclarèrent pour le parti du Parlement, il faut mettre en première ligne Henri de la Trémouille, duc de Thouars. Se rappelant peut-être que ses prédécesseurs, les vicomtes de Thouars, avaient été souverains, faisant à volonté la paix et la guerre, tantôt avec la France, tantôt avec l'Angleterre, il croyait sans doute que, de nouveaux troubles se perpétuant, il pourrait arriver à cet état d'indépendance de la couronne, dans lequel vivaient ses ancêtres.

Quoi qu'il en soit, à l'époque où la Fronde éclata, le duc de Thouars, qui avait refusé d'entrer dans le parti opposé, pour lequel on l'avait sollicité (3), envoya offrir

---

(1) *Histoire de la Fronde*, par M. de St-Aulaire.

(2) Il est appuyé sur des documents manuscrits qui sont à la riche bibliothèque de Poitiers, et sur d'autres qui existent dans ma collection de documents historiques relatifs au Poitou.

(3) C'est du moins ce qu'établissent des mémoires manuscrits de la maison de la Trémouille.

au Parlement de Paris, *pour le service du Roi et de la Compagnie*, huit mille hommes de pied et deux mille chevaux qu'il disait avoir levés en Poitou, pays d'Aunis et ailleurs, et annoncer qu'il était prêt à marcher quand il aurait ordre et permission de prendre des deniers pour la nourriture et l'entretien de ces troupes. Il assurait avoir déjà le consentement des villes de Poitiers, Niort, Thouars, Saint-Maixent et autres. Le Parlement lui fit la réponse suivante :

« De Paris, ce 1.er mars 1649. C'est avec beaucoup de
» joie que nous apprenons, par la bouche de votre envoié,
» les offres qui nous sont faites de votre part, dans une
» occasion si importante et où il y va de la vraie au-
» torité royale, dans la conservation des compagnies
» royales, qui en sont les dépositaires. Vous verrez par
» l'ar. &c que nous vous envoyons à quels titres et condi-
» tions nous les acceptons, dont nous vous assurons que
» vous demeurerez satisfait, comme nous le sommes beau-
» coup de voir que, parmi le grand nombre de personnes
» de haute considération qui se sont jointes à nous, pour
» l'intérêt de la cause commune, vous ayez voulu que
» votre nom si remarquable et que votre exemple ayent
» excité tant de personnes illustres et de mérite en la pro-
» vince en laquelle vous êtes et des circonvoisines. Nous
» ne pouvions moins attendre de votre naissance et de vos
» vertus. Aussi devez-vous bien croire que nous ne man-
» querons jamais de vous en témoigner aux occasions toute
» la gratitude et reconnaissance que vous en devez espérer,
» et c'est sur quoi nous demeurons, Monsieur, etc. *Les*
» *gens tenant la Cour du Parlement.* (Signé) DUTILLET,
» greffier en chef de ladite Cour. — A Monsieur le duc de
» la Trémouille, pair de France. »

Conformément à cette lettre, Henri de la Trémouille, duc de Thouars, avait en effet été établi, par arrêt dudit jour 11 mars 1649, général d'armée, pour commander les troupes qui seraient levées pour le service du Roi, défense de la Cour, du Parlement et du public, dans l'Ouest de la France. Il est bon de donner ici copie de cette singulière pièce.

« La Cour, toutes les chambres assemblées, délibérant
» sur les affaires présentes, après avoir ouï les offres faites
» par le sieur duc de la Trémouille contenues au registre
» de ce jour, a ordonné et ordonne que, suivant les arrêts
» des 2 et 5 de ce mois, commission sera délivrée audit
» sieur duc de la Trémouille de général d'armée pour com-
» mander les troupes qui seront levées pour le service du
» Roi, de la Cour de cette ville et du public, dans les pro-
» vinces du Poitou, Aunis, Angoumois, Périgord, Limou-
» sin, Touraine, Bretagne, et autres troupes dudit parti,
» alternativement et concurremment avec les autres géné-
» raux, lorsqu'il en aura joint, et qu'autres commissions
» lui seront délivrées pour lever huit mille hommes de
» pied et deux mille chevaux, brevets en blanc pour trois
» lieutenants généraux, quatre mestres de camp, un com-
» missaire général pour les revues et payement des
» montres et subsistances, trois maréchaux de bataille,
» quatre de camp, un maréchal-des-logis général de
» l'artillerie. Pour faire lesquelles levées et pour la sub-
» sistance, ladite Cour a permis et permet audit sieur
» duc de la Trémouille de prendre les deniers qui se
» trouveront tant ès recettes générales que particulières
» desdites provinces, et encore ès paroisses qui en dé-
» pendent; enjoint aux receveurs et collecteurs d'icelles
» de lui en faire délivrance, moyennant laquelle ils en

» demeureront valablement déchargés. Enjoint en outre
» aux maires, échevins et officiers des villes et bourgs de
» l'obéissance du Roi de leur ouvrir les portes et lui four-
» nir logement et vivres pour lesdites troupes, dont l'état
» de dépense arrêté et rapporté sera alloué et rabattu aux
» habitants sur la taxe des tailles et autres subsides. En-
» joint pareillement à touts officiers et sujets du Roi de lui
» obéir et prêter main-forte, leur fait défense de l'empê-
» cher en quelque sorte et manière que ce soit. A ordonné
» et ordonne en outre que ses intérêts seront joints à ceux
» de ladite Cour et de cette ville. Permet à lui de prendre
» canon où il en trouvera, mettre garnison ès villes et
» places, changer celles qui y sont, transférer les recettes
» si besoin est, et faire tout ce qu'il jugera nécessaire
» pour le bien du service de Sa Majesté. Fait en Parlement,
» le 11 mars 1649. *(Signé)* DUTILLET. »

Un peu plus tard, au mois d'avril, le duc de Thouars s'adressa au Parlement de Bordeaux, qui le fit aussi généralissime de son ressort, avec autorisation de lever huit mille hommes d'infanterie, trois mille hommes de cavalerie, de prendre les fonds de l'État, etc. Il ne paraît pas que ce brevet eût l'effet de celui auquel nous allons revenir.

Muni de l'arrêt du Parlement de Paris, Henri de la Trémouille réunit des forces assez considérables et se disposa à agir. Attaché au parti du Cardinal et de la Cour, Châteaubriand des Roches-Bariteaux (1), lieutenant de

(1) Une branche de la maison de Châteaubriand, originaire de Bretagne, s'était établie depuis long-temps en Poitou, en contractant une alliance avec la maison de Thouars, alors souveraine. L'espèce d'apanage formé aux Châteaubriand, à raison de ce mariage, se composait des trois baronnies de Chantonnay, Sigournay et le Puybéliard. Cette famille se fixa dans le château des Roches-Bariteaux, et se distingua

Roi pour le Bas-Poitou, venait d'occuper la ville de Fontenay-le-Comte, et mettait tout en œuvre pour s'emparer du château. Il avait envoyé à Paris un gentilhomme, appelé Fortecuière (1), qui lui apporta les provisions de gouverneur particulier des ville et château de Fontenay. Mme de la Boulaye (2), dont le mari en était depuis

dans les guerres de religion, dont l'un des combats marquants eut lieu presque sous ses tours. Le cœur d'un guerrier de ce nom est déposé dans l'église de St-Germain de Prinçay, sous une épitaphe que je donnerai plus tard. Un autre membre de cette famille eut une célébrité désastreuse pour le pays, et fut appelé le *Loup-Gris* : nos faiseurs d'articles romantiques auraient un beau thème pour en faire le sujet de l'une de leurs productions fantastiques. Une masse énorme de dettes, comme en faisaient alors tant de grands seigneurs, donna lieu à la vente par décret de la terre des Roches-Bariteaux, et elle fut adjugée à un membre de la famille de Beauharnais, qui sortait de la magistrature d'Orléans et qui se distingua dans la marine. La fille aînée du dernier individu de ce nom, possesseur des Roches-Bariteaux, fut mariée par l'Empereur Napoléon, son allié, au grand-duc de Bade, et devint aussi belle-sœur de l'Empereur de Russie. Cela n'empêcha pas le père de la princesse Stéphanie, successivement chevalier d'honneur de l'Impératrice, sénateur et pair de France, de mourir presque dans l'indigence, car on vendit ses meubles, son hôtel de Paris, cadeau que lui fit Napoléon en mariant sa fille, et son château des Roches-Bariteaux, dont plus tard on voulut faire un dépôt de mendicité pour le département de la Vendée. Il y a quelques années, on y établit une fabrique de sucre de betterave qui ne put se soutenir par suite d'une mauvaise gestion. En dernier lieu, un Beauharnais est devenu l'époux de la Reine de Portugal. Que de souvenirs et de rapprochements se rattachent au château des Roches-Bariteaux, près duquel il existe de plus un *peulven* très-remarquable!

(1) Possesseur du château de ce nom, près de la rivière de Boulogne.

(2) Eschalart de la Boulaye, seigneur du château de ce nom en Bas-Poitou, était gouverneur de Fontenay. Un membre de cette maison épousa une princesse de la Tour, fille du souverain de Bouillon.

long-temps gouverneur, voyant que l'on voulait l'en chasser, avisa aux moyens de s'y maintenir. Elle expédia diverses personnes, notamment Brisson (1), frère du sénéchal, auprès du duc, à Thouars, afin de le prier de venir au plus tôt à son secours. Pendant ce temps, l'évêque de la Rochelle (2) négociait un arrangement entre des Roches-Bariteaux et Mme de la Boulaye, qui faisait espérer qu'elle remettrait la place, si la Cour lui en donnait l'ordre exprès. Envoyant en dernier lieu, et de concert avec la ville, deux échevins à Thouars, le duc lui promit toute sa protection. Au retour de ces deux émissaires et sur leur rapport, les habitants de la ville prirent les armes et forcèrent des Roches-Bariteaux à se retirer. L'abbé de Palluau (3) fut provisoirement mis dans le château, et on pria le duc de nommer quelqu'un pour y commander. Il y envoya Chézerac, d'une famille qui était attachée à sa maison depuis plus de deux siècles.

Ne perdant pas de temps, des Roches-Bariteaux essaya de s'emparer d'un autre point dans la contrée, qui pût

(1) De la famille Brisson, si marquante par le président Brisson et autres de ses membres.

(2) Jacques Raoul de la Guibourgère, du comté nantais, d'abord conseiller au Parlement de Rennes, sénéchal et maire de Nantes. Étant entré dans l'état ecclésiastique, il succéda à son oncle, Michel Raoul, dans l'évêché de Saintes, passa ensuite à celui de Maillezais, et, à la suppression de ce siége, devint premier évêque de la Rochelle, en 1648.

(3) Gilbert de Clérambault, qui devint évêque de Poitiers en 1657, à la suite du cardinal Antoine Barberin, neveu du pape Urbain VIII, passé à l'archevêché de Reims. Gilbert était frère du maréchal de Clérambault, inhumé dans l'église de Palluau. Le nom primitif de cette maison tout-à-fait poitevine, était Gillier, et elle sortait de la Mairie de Poitiers, qui en a anobli tant d'autres.

le dédommager de la perte de Fontenay. Ayant ramassé des troupes en bon nombre, il les réunit à celles qui étaient en quartier d'hiver dans les environs, et prit le château de Ste-Hermine où il mit bonne garnison, laissant le surplus de ses forces dans le bourg, qu'il fortifia le mieux qu'il put, comme s'il en eût voulu faire sa place d'armes. La Trémouille, averti de ses dispositions, mit tout en œuvre pour former une armée. Il prodigue l'argent et accorde des commissions à ceux qui lui paraissent mériter sa confiance. Des Préaux (1) promet de former dans douze jours un régiment d'infanterie, et tient parole; Chaligny (2), avec cent quarante gentilshommes ses parents ou ses amis, se jette dans Luçon. Le duc envoie le vicomte de Marsilly, qu'il nomme son maréchal-général-des-logis, pour donner des ordres dans les places du Bas-Poitou qui lui appartiennent. Il fait Châtillon, seigneur d'Argenton (3), l'un de ses lieutenants-généraux ; la Grise,

(1) La tour de Châtillon, commune de Boussais, sur la route de Bressuire à Airvault, a appartenu à la maison des Préaux, jusqu'à la mort d'une dame de ce nom mariée à un Maussabré du Berry.

(2) De la maison de Régnon, qui possède encore cette terre. Dans les guerres de religion, un Régnon de Chaligny commandait un navire attaqué par des forces supérieures, et quelqu'un de son équipage s'écria : *Quartier.* — *Point de quartier*, répondit le capitaine. Il mit le feu aux poudres, et l'embarcation sauta.

(3) La terre d'Argenton-Château, possédée par l'antique maison de ce nom, puis par celle de Chambes ou de Jambes, passa au célèbre Philippe de Comines, en partie par son mariage avec une demoiselle de cette maison, et en partie par acquisition avec les fonds que Louis XI lui avait donnés pour le détacher du parti du duc de Bourgogne. Argenton-Château vint plus tard à la maison de Châtillon, qui l'a possédé jusqu'à la révolution.

maréchal de camp; le seigneur de Noirlieu (1), lieutenant de sa compagnie de gendarmes.

Pendant ces préparatifs, la Trémouille se décida à faire un voyage en Bretagne pour s'entendre avec le Parlement de cette province, qui l'avait choisi aussi pour son général, malgré les prétentions de Chabot, duc de Rohan (2). Il laissa le commandement de Thouars à son fils puiné, le comte de Laval, qui s'était fait prêtre de l'Oratoire, et partit de cette ville avec un corps de cavalerie considérable. Il s'empare de la ville et du château du Pont-de-Cé, où il laisse, pour commander, Rotmont, enseigne de ses gardes, passe la Loire, va prendre ses arrangements en Bretagne, et revient à Angers avec plus de douze cents gentilshommes à cheval et de l'infanterie. Les habitants de cette ville l'avaient fait prier de les délivrer de la garnison du château, qui les tourmentait fort par ses sorties continuelles. Il en commença le siége, aidé d'un renfort considérable que lui amena le marquis de la Boulaye. Le fort est bâti sur un sol escarpé, et se trouvait défendu par de bons soldats et de l'artillerie; il employa les moyens en usage alors dans les siéges pour amener la garnison à se rendre (3).

Pendant ce temps, le vicomte de Marsilly, de retour à Thouars de sa tournée du Bas-Poitou, y trouva un ordre que le duc y avait laissé pour qu'il prît le commandement de cette place, qu'il avertît la noblesse de la contrée de se tenir prête à marcher, qu'il tranquillisât les villes sur

(1) Noirlieu est une commune près Bressuire.
(2) Henri Chabot, duc de Rohan, mort en 1655.
(3) Le château d'Angers tenait encore lors de la conclusion de la paix.

le but de son voyage et sur son retour qu'il annonçait devoir être prochain, et qu'il avisât aux moyens de faire une expédition sur Fontenay-le-Comte, le plus tôt possible, vu l'importance de la place. Aussitôt il fut tenu un conseil de guerre auquel assistèrent, outre Marsilly, Maurice de la Trémouille, comte de Laval, le seigneur d'Argenton, la Grise, Noirlieu et des Préaux. On y arrêta un rendez-vous aux troupes, pour le 18 mars, à Faye-l'Abbesse ; que le comte de Laval en prendrait le commandement, malgré sa qualité d'homme d'église, et la protestation qu'il faisait de ne pas vouloir revenir à la vie commune. Ce seigneur, accompagné de Marsilly, du baron d'Argenton, de la Grise et de Noirlieu, partit de Thouars de très-bon matin, le jour indiqué, avec trois cents chevaux, et s'achemina au lieu du rendez-vous, où se trouva des Préaux avec son régiment, fort de quatre cents hommes, et trois cents hommes de cavalerie commandés par de Clisson (1), du Fresne (2), les frères du Relière, de la Barbelière, de la Grange-Vernière, de Laudonnière (3), de la Vergne (4), de Blanchecoudre (5), de Sonloire le fils (6), du Plessis-

(1) La terre de Clisson-en-Boismé, près Bressuire, appartenait alors à la maison Sauvestre dont un membre a marqué dans les guerres anglo-françaises.

(2) Le seigneur du Fresne-Chabot, seigneur de Nieuil-sous-les-Aubiers.

(3) Le propriétaire de la terre de Laudonnière, commune de Courlay. Laudonnière a appartenu à la maison de Goulaine, qui portait pour armes *moitié France et moitié Angleterre*, à raison d'un service signalé rendu aux deux nations.

(4) La terre de la Vergne, commune de St-Sauveur-de-Givre-en-Mai, près Bressuire, possédée par la famille de la Haye-Montbault.

(5) Blanchecoudre est une terre située près de Bressuire, dans la commune de Breuil-Chaussée.

(6) Sonloire est en Anjou, sur les confins du Poitou.

Ranque, du Plessis-Piogé, les frères de Saint-Marçole (1) et plusieurs autres gentilshommes les plus considérables de la contrée. Le premier jour on fut coucher à la Chapelle-Seguin, où Puypapin (2) se trouva avec un rassemblement considérable. Le lendemain, on fut jusqu'à St-Hilaire-de-Foussais, où le baron de la Cressonnière (3) s'était rendu avec cent chevaux. Le 21 mars, l'armée du comte de Laval entra dans la ville de Fontenay, où les habitants la reçurent avec des transports de joie indicibles. Les troupes se reposèrent trois jours dans cette place. On y tint un conseil de guerre dans lequel d'Argenton, la Grise, Noirlieu et Barbelière demandèrent à retourner dans leur pays, pour y lever de nouvelles troupes, ainsi qu'ils s'y étaient obligés, le but de cette première expédition paraissant, du reste, être atteint. Cressonnière, Chaligny et autres gentilshommes du Bas-Poitou, et particulièrement Mme de la Boulaye, gouvernante de Fontenay, et les membres du corps municipal de cette ville, leur représentèrent que leur voyage produirait peu de fruit, s'ils n'allaient pas attaquer des Roches-Bariteaux. On discuta long-temps, à la fin avec aigreur, et on se piqua respectivement. Alors le comte de Laval dit qu'il ne pensait pas que les amis de son père l'abandonnassent dans une semblable circonstance; mais que, quand il ne serait suivi que par un seul homme, il irait attaquer les

(1) Des environs de Loudun.
(2) Puypapin est une terre considérable, située près de Pouzauges, qui a appartenu d'abord à la maison Picot de la Maintaye, et ensuite, jusqu'à l'époque de la révolution, à la famille de l'auteur de cet article.
(3) La Cressonnière est située entre Fontenay-le-Comte et la Châtaigneraye. Le baron de la Cressonnière est cité par Besly, comme un savant de l'époque où écrivait cet historien du Poitou.

ennemis, quelque part qu'ils fussent. Ce discours généreux fit revenir à un autre avis ceux qui avaient opiné d'une manière si opiniâtre pour retourner chez eux, et on délibéra sur le choix d'un lieu plus proche de Ste-Hermine, pour s'y rendre d'abord. Contre l'avis de Laval, on indiqua Mareuil. Quoiqu'il ne fût pas non plus pour cet endroit qui détournait de la route, et était même plus loin de Fontenay que le point qu'on voulait attaquer, Marsilly fut député pour aller demander à Mme de la Boulaye, dame de Mareuil, son agrément à cette mesure. Il exposa qu'on maintiendrait la discipline la plus sévère dans ce lieu, et que ses vassaux n'auraient point à souffrir du passage des troupes. Toujours femme de grand caractère, Mme de la Boulaye répondit que jamais elle ne mettrait ses intérêts personnels en balance avec ceux du public, et qu'elle accordait avec le plus grand plaisir la permission qui lui était demandée. Sur cela, on délibéra de nouveau et on en revint au projet de marcher droit sur Ste-Hermine. Chaligny, qui était allé chercher son monde, rejoignit avec Boiroux et Surin et deux cents cavaliers, ce qui porta la cavalerie à plus de douze cents chevaux. L'infanterie s'accrut de trois cents hommes de Fontenay, de soixante de Maillezais, de cinquante de Luçon, et de divers détachements de plusieurs autres lieux, ce qui la porta à un nombre à peu près égal à la cavalerie. On emmena en outre deux pièces d'artillerie, dont Chézerac eut la direction. Apprenant la marche de ces troupes, des Roches-Bariteaux abandonna Ste-Hermine, passa de l'autre côté du Lay et vint camper à la Chaise-le-Vicomte (1), mettant garnison dans le château, fort

(1) *Casa Vice-comitis.* Ce lieu a été la capitale de la vicomté de

susceptible d'être défendu. Le comte de Laval marcha contre son ennemi, recevant en chemin un nouveau renfort qui lui était amené par le seigneur du Langon (1), et chercha à l'attirer au combat en rase campagne. N'ayant pu l'y déterminer, il attaqua vigoureusement ses retranchements et les emporta. Des Roches-Bariteaux et la plupart des siens prirent le parti de se retirer plus avant dans le pays. Le reste de ses forces, infanterie et cavalerie, et particulièrement le régiment de la Meilleraye (2), se jetèrent dans le château et s'y défendirent courageusement. Au bout de deux jours, manquant de vivres et perdant l'espérance d'être secourue, cette garnison capitula. Il fut convenu qu'elle quitterait le château et qu'elle serait conduite hors de la province, ce qui fut exécuté de bonne foi.

Après cette victoire, d'Argenton, de la Grise, Noirlieu, Laudonnière et Blanchecoudre obtinrent sans opposition la permission de s'en retourner chez eux. Le comte de Laval, le baron de la Cressonnière, le vicomte de Marsilly, de Chaligny, de St-Marçole, de la Vaudeluc et de Chézerac, avec le reste des forces du parti, furent occuper Luçon, pour de là surveiller les autres points de la contrée et les avoir de force ou par adresse.

Thouars, souveraineté indépendante au moyen-âge, après que le château de cette dernière localité eut été incendié par Foulques, comte d'Anjou. Je ferai connaître en détail l'importance de la Chaise-le-Vicomte, à cette époque, dans la *Statistique historique du Bas-Poitou*.

(1) La terre du Langon, possédée d'abord par la famille Dartemale, a passé ensuite dans la maison de Maynard.

(2) Ce régiment avait été levé par Charles de la Porte, duc de la Meilleraye, maréchal de France, mort en 1667. La famille de la Porte est originaire de Parthenay, et j'aurai occasion d'en parler plus en détail en m'occupant de la *Statistique historique* du Nord du département des Deux-Sèvres.

De Luçon, le vicomte de Marsilly fut envoyé à Niort, où se trouvait Mme de Neuillan (1), qui semblait mal disposée pour les Parlementaires. Ayant communiqué ses lettres de créance aux officiers de la sénéchaussée réunis au palais, et aux habitants qui étaient en grand nombre sous les halles, il y eut une assemblée générale à l'hôtel-de-ville. On y députa quatre échevins afin de prier le vicomte de se présenter; d'après ce qu'il exposa, et sur la représentation de ses pouvoirs, la jonction fut arrêtée, et la délibération qui le portait envoyée au comte de Laval (2).

Dubreuil de Chièvres fut chargé d'une autre mission pour Marans, afin de déterminer cette ville à se déclarer pour le Parlement.

Sorti de la Chaise-le-Vicomte, des Roches-Bariteaux s'était embarqué pour aller chercher un lieu de refuge où il lui fût possible de rétablir les affaires de son parti. Jeté aux Sables-d'Olonne par le mauvais temps, il fut fort mal accueilli par le peuple qui était très-monté contre lui. Deux gentilshommes, de la Loulière et de la Fretière, qui avaient été envoyés là pour diriger l'opinion dans le sens des Parlementaires, parvinrent pourtant à le soustraire à la rage de la populace, en s'emparant de sa personne. Un peu plus tard il fut relâché, sur la promesse qu'il fit de rester neutre, sous la protection du duc de la Trémouille. Un de ces gentilshommes fut avertir le comte de Laval de cet arrangement, tandis que l'autre le con-

---

(1) De la maison de Parabère, qui avait le gouvernement de la place.

(2) Ces détails ne sont point mentionnés dans l'*Histoire de Niort*, par feu M. Briquet. Il paraît que M. Briquet fils se dispose à compléter le travail de son père.

duisait dans son château du Plessis-Châteaubriand (1). Sur cela, Laval désapprouva cet arrangement, qu'il dit excéder les pouvoirs qu'il avait donnés à Loulière et à la Fretière, et il envoya Chaligny investir le Plessis, en le faisant suivre par Cressonnière avec cent vingt chevaux. Le lendemain à midi, ainsi qu'il l'avait promis, le comte de Laval joignit son avant-garde avec le reste de la cavalerie, son artillerie et une partie de son infanterie. Des Roches-Bariteaux, voyant qu'il lui était impossible de résister, se rendit prisonnier de guerre, à la charge d'être conduit au château de Thouars et d'y être traité conformément à sa condition. L'accord signé par lui et par le baron de la Cressonnière, envoyé comme négociateur, fut ratifié par le comte de Laval. En conséquence, le même jour, l'armée qui emmenait des Roches-Bariteaux avec elle, fut coucher à Bournezeau (2), où se trouvaient des députés de la ville de St-Maixent, qui venaient demander des secours, surtout en cavalerie. Magesi, officier de beaucoup de valeur et d'expérience, y fut envoyé avec quelques cavaliers, en attendant que Laval pût s'y rendre lui-même,

(1) Le Plessis-Châteaubriand, appelé autrement le Plessis-Vergeret, est un château, près de Bourbon-Vendée, appartenant actuellement à la famille de Tinguy.

(2) Ce lieu s'appelait Blois dans le principe, et son seigneur est appelé dans les chartes *dominus de Blesis*. Ensuite le bourg ayant été rebâti, on l'appela *Bourg-Nouveau*. Les paysans du pays qui nomment ce lieu *Bourg-Nevea*, en changeant *au* en *ea*, comme au moyen-âge, parlent donc plus correctement que les gens instruits. Le duc Jean de Bretagne, arrêté à Chantoceau par Marguerite de Clisson, demeura prisonnier pendant quelque temps dans le château de cette localité, dont Moustrelet écrit bien le nom.

ainsi qu'il le promettait. De Bournezeau, on alla à Mauléon (1), et de là on s'achemina vers Thouars.

Cette expédition, ainsi qu'on vient de le voir, fut très-heureuse. Fontenay se trouvant dégagé, nombre de places importantes se décidèrent pour le parti qui l'avait entreprise, l'armée de la Trémouille s'augmenta dans sa marche d'une manière considérable, et enfin le général ennemi, après avoir été battu, avait été fait prisonnier.

Arrivé à Thouars, le comte de Laval apprit que le duc de la Trémouille son père avait tellement pressé le château d'Angers, que les troupes de la garnison, instruites qu'une mine allait jouer et les culbuter, s'étaient décidées à demander une capitulation. Rien n'était encore réglé, lorsque les articles de la paix arrêtés à Paris furent envoyés au duc, qui les fit publier aussitôt. Le siége levé, la Trémouille restitua les Ponts-de-Cé au maréchal de Maillé-Brezé (2), gouverneur de la province d'Anjou, congédia ses troupes et se rendit à Thouars avec trois cents

(1) Aujourd'hui Châtillon-sur-Sèvre, par suite de l'acquisition que fit de cette terre un Châtillon, gouverneur du Dauphin, qui la fit ériger en duché-pairie sous son nom. Châtillon n'est point sur la Sèvre-Nantaise, qui en passe même à plus d'une lieue, et la petite rivière qui passe là s'appelle le *Loing*; mais, comme il existait déjà un lieu appelé Châtillon-sur-Loing, on ajouta au nom du nouveau Châtillon celui d'une rivière qui en est assez éloignée. Cette menteuse dénomination est de nature à embarrasser les géographes, et il serait mieux de dire Châtillon-Mauléon, d'autant mieux qu'on rappellerait ainsi le guerrier troubadour, Savari de Mauléon, qui a illustré cette localité.

(2) Urbain de Maillé-Brezé, maréchal de France; il était propriétaire des seigneuries de la Flocelière et de Cerisay en Bas-Poitou, qui ensuite passèrent à Philippe de Morais, son cousin germain. La dernière de ces terres est arrivée ainsi par succession directe jusqu'à la personne qui en possède aujourd'hui le château.

gentilshommes. Le comte de Laval alla au devant de lui, à quelques lieues de distance, avec un pareil nombre. Des Roches-Bariteaux fut mis en liberté sans condition, ainsi que les autres prisonniers, par le duc, qui remercia la noblesse qui l'avait suivi, ou qui avait accompagné son fils dans la guerre qui venait de se terminer.

Cette paix ne fut pas de longue durée, mais les troubles postérieurs de la Fronde se firent peu sentir dans le Bas-Poitou. Ainsi se termina donc, pour cette contrée, cette guerre dont les résultats furent des faveurs en titres ou en charges pour quelques chefs, pris dans les deux partis, et des tabourets de duchesses pour quelques grandes dames qui, abjurant le rôle qui convient à leur sexe, se jetèrent dans les intrigues politiques. Depuis, le Bas-Poitou demeura calme jusqu'à la grande révolution de 1789, à l'encontre de laquelle ses habitants, pour la plupart, jouèrent un rôle tellement actif, tellement belliqueux, qu'ils firent décerner au sol qu'ils occupaient la dénomination de *Vendée militaire*, qu'on lui conservera sans doute long-temps, après même que, rendus à des temps tout-à-fait de calme, les Français n'auront plus qu'un ancien souvenir de leurs discordes civiles.

www.ingramcontent.com/pod-product-compliance
Lightning Source LLC
Chambersburg PA
CBHW060920050426
42453CB00010B/1838